Plus de 200 questions !

LE FOOT !

Valentin Verthé

Larousse Jeunesse

Illustrations

Les joueurs incroyables : **Mauro Mazzari**
Les équipes légendaires : **Patrick Chenot**
Infos et records : **David Raphet**
100 % insolite : **Loïc Méhée**

Direction de la publication : Sophie Chanourdie
Édition : Anne Castaing et Magali Marquet
Responsable artistique : Mélissa Chalot
Mise en pages : Ipokamp
Fabrication : Émilie Peyrou

21, rue du Montparnasse
75006 Paris

ISBN : 978-2-03-605595-7
Dépôt légal : mai 2024
335813-01/11054768 – janvier 2024
Imprimé en RPC

Conforme à la loi n° 49-956 du 16 juillet 1949
sur les publications destinées à la jeunesse.

LES JOUEURS INCROYABLES

LES JOUEURS INCROYABLES

VRAI ou FAUX

L'ATTAQUANT BRÉSILIEN FIRMINO A ÉTÉ REPÉRÉ GRÂCE À UN JEU VIDÉO.

Vrai, lorsqu'il a été transféré en Allemagne au TSG Hoffenheim en 2010, le recruteur l'avait repéré sur *Football Manager* alors qu'il jouait en 2e division brésilienne. Il ne l'avait jamais vu jouer en vrai.

QUEL JOUEUR A SES CHAUSSURES DE FOOT EXPOSÉES DANS UN CÉLÈBRE MUSÉE À LONDRES ?

Il s'agit de l'Égyptien Mohamed Salah (FC Liverpool). Ses chaussures sont exposées au British Museum devant une statue de Ramsès II.

POURQUOI L'ATTAQUANT LEANDRO TROSSARD A-T-IL PROVOQUÉ UN FOU RIRE EN BELGIQUE ?

En 2019, lors du derby entre Saint-Trond et Genk, il a voulu fêter la victoire en plantant le drapeau de son club (Genk) au milieu du terrain. Petit problème, le stade de Saint-Trond possède une pelouse synthétique…

QUEL INCROYABLE TALENT POSSÈDE LE DÉFENSEUR MANUEL AKANJI ?

C'est un génie des calculs mentaux ! Ce défenseur suisse est capable de répondre plus vite qu'une calculatrice.
33 x 97 = 3 201, évidemment !

QUEL JOUEUR A ÉTÉ MOQUÉ POUR SA COIFFURE EN FORME DE SPAGHETTIS ?

Neymar portait cette étrange coiffure lors du Mondial 2018. De nombreuses personnes se sont moquées de lui, notamment Éric Cantona qui a posté une vidéo avec un plat de spaghettis sur la tête.

COMMENT ÉVER BANEGA S'EST-IL BLESSÉ À LA JAMBE ?

En 2012, Éver venait de s'acheter une superbe voiture et il oublia de mettre le frein à main alors qu'il faisait le plein d'essence. La voiture lui roula dessus et lui fractura la jambe.

QUEL MÉTIER A EXERCÉ ÁNGEL DI MARÍA DURANT SA JEUNESSE ?

Il a longtemps aidé son père qui était livreur de charbon. Ángel se rendait d'ailleurs régulièrement à l'entraînement avec les mains noires de charbon.

COMBIEN DE JONGLES OLIVIER GIROUD A-T-IL RÉALISÉ AVEC UN BALLON DE RUGBY ?

Giroud a relevé le défi de jongler avec un ballon de rugby. L'attaquant français a réussi à faire vingt-neuf jongles de suite. Arriveras-tu à le battre ?

QUEL EST LE SURNOM RIGOLO DE SEBASTIAN GIOVINCO ?

Cet attaquant italien est surnommé Formica Atomica (la Fourmi atomique). Il doit ce sobriquet rigolo à sa petite taille (1,63 m) ainsi qu'à sa vitesse incroyable.

QUE S'EST-IL PASSÉ LORS DU TRANSFERT DE CRISTIANO RONALDO À LA JUVENTUS EN 2018 ?

Le Real de Madrid (son ancien club) a immédiatement perdu 1 million d'abonnés sur Twitter. À l'inverse, la Juventus de Turin a gagné 1,2 million de followers en moins de vingt-quatre heures.

POURQUOI ADEBAYO AKINFENWA EST-IL SURNOMMÉ LA BÊTE ?

Cet attaquant anglais porte ce surnom rigolo (the Beast) en raison de son physique incroyable. En effet, il fait énormément de bodybuilding et il pèse 110 kg (de muscles) pour 1,80 m.

QUEL ÉTONNANT TATOUAGE POSSÈDE LE DÉFENSEUR JÉRÉMY MATHIEU ?

Le défenseur français s'est fait tatouer une chauve-souris accompagnée de son numéro (22) sur le mollet gauche. Il s'agit en réalité d'un hommage au club du FC Valence où il a joué de 2009 à 2014.

POUR QUELLE RAISON MARTÍN PALERMO A-T-IL RATÉ LE MONDIAL 2002 ?

Quelques mois avant la Coupe du monde, l'attaquant argentin s'est cassé la jambe en célébrant un but. Il s'était dirigé devant la tribune des supporters mais la balustrade s'est effondrée sur lui.

QUELLE ÉTRANGE HABITUDE AVAIENT ZINÉDINE ZIDANE ET EDGAR DAVIDS ?

Lorsqu'ils jouaient à la Juventus, ils avaient l'habitude de se déguiser afin de jouer incognito au foot dans la rue avec les habitants. Zizou et Davids mettaient simplement un bob et le tour était joué !

LE FINLANDAIS RIKU RISKI A REFUSÉ UNE SÉLECTION NATIONALE, CAR IL N'AIMAIT PAS LA NOUVELLE COULEUR DU MAILLOT.

Faux, en revanche il a refusé une sélection car la Finlande devait effectuer un stage au Qatar et il ne voulait pas se rendre dans ce pays.

POURQUOI L'ATTAQUANT PABLO OSVALDO A-T-IL SOUDAINEMENT ARRÊTÉ SA CARRIÈRE ?

Cet international italien (quatorze sélections et quatre buts) a brusquement arrêté sa carrière à l'âge de 30 ans afin de devenir chanteur dans un groupe de rock, du nom de Barrio Viejo.

QUEL JOUEUR DÉTIENT LE RECORD DE TIRS SANS MARQUER DE BUT EN COUPE DU MONDE ?

L'Anglais Frank Lampard détient ce triste record. Il a effectué trente-sept tentatives sans marquer le moindre but. Il avait pourtant inscrit un goal contre l'Argentine, mais l'arbitre l'a injustement annulé.

VRAI OU FAUX

ALEXANDRE CZERNIATYNSKI A RETROUVÉ SON ONCLE GRÂCE À UN BUT MARQUÉ EN COUPE DU MONDE.

Vrai, son oncle (vivant en Sibérie) regardait le match à la télévision. Il remarqua un joueur portant le même nom de famille et ressemblant à son frère perdu de vue. Grâce au match, il a pu renouer des liens avec sa famille.

QUELLE MÉTHODE A UTILISÉ LIONEL MESSI AFIN D'ÊTRE PLUS TRANQUILLE DANS SA MAISON ?

Il a tout simplement acheté la propriété de ses voisins. En effet, Messi aime le calme et il trouvait ses voisins un peu trop bruyants.

QUI EST LE PLUS JEUNE BUTEUR EN FINALE D'UNE COUPE DU MONDE ?

Le record est détenu par le Brésilien Pelé (17 ans et 8 mois) qui marqua un doublé lors de la finale en 1958 contre la Suède (5-2). Kylian Mbappé est le deuxième plus jeune buteur de l'histoire (19 ans et 6 mois).

QUEL INCROYABLE RECORD DÉTIENT LE JAPONAIS KAZUYOSHI MIURA ?

Il s'agit du plus vieux buteur dans un championnat professionnel. Le 12 mars 2017, il a offert la victoire à son équipe du FC Yokohama en marquant à l'âge de 50 ans et 14 jours !

QUEL ATTAQUANT FRANÇAIS EST SURNOMMÉ TORTUE NINJA ?

Il s'agit du surnom de Kylian Mbappé. Il fut baptisé ainsi lors de son arrivée au PSG. Depuis, ses coéquipiers le taquinent avec ce sobriquet.

QUEL DÉFENSEUR DU FC BARCELONE SUIVAIT EN PARALLÈLE UNE FORMATION À L'UNIVERSITÉ DE HARVARD ?

Gerard Piqué (l'ex-mari de Shakira) profitait de ses vacances pour étudier à Harvard. Il préparait ainsi sa reconversion dans le monde du business sportif.

POUR QUELLE RAISON INSOLITE ROLANDO MANDRAGORA A-T-IL ÉTÉ SUSPENDU ?

Il a blasphémé sur un terrain de foot, ce qui est interdit en Italie depuis 2010. Rolando a insulté la Vierge Marie et comparé Dieu à un chien. Résultat : un match de suspension.

QUEL CHAMPION DU MONDE EN 2018 EST UN EXCELLENT JOUEUR DE PING-PONG ?

Paul Pogba a joué pendant plusieurs années en club et il était très prometteur. Son frère Mathias a d'ailleurs été champion de France junior de tennis de table.

VRAI ou FAUX

LE MOLDAVE MASAL BUGDUV EST L'UN DES PLUS GRANDS ESPOIRS DU FOOTBALL MONDIAL.

C'est archifaux !
Il s'agit d'un joueur totalement inventé par des internautes.
Ce joueur fictif possède des fiches techniques ainsi qu'une page Wikipédia.

À CE JOUR, COMBIEN DE JOUEURS FRANÇAIS ONT MARQUÉ EN FINALE DE COUPE DU MONDE ?

Cinq joueurs :
Zinédine Zidane (trois buts),
Emmanuel Petit (un but),
Antoine Griezmann (un but),
Paul Pogba (un but) et
Kylian Mbappé (quatre buts).

QUEL RECORD DÉTIENT L'ITALIEN MARCO VERRATTI ?

Marco Verratti a été sélectionné en équipe nationale alors qu'il n'avait disputé aucun match de 1re division ! En effet, il a connu sa première sélection avec l'Italie en 2012 alors qu'il évoluait au Delfino Pescara (en D2).

QUI A ÉTÉ DÉSIGNÉ MEILLEUR GARDIEN DU MONDE EN 2018 ?

Le Belge Thibaut Courtois a été désigné meilleur gardien de la Coupe du monde ainsi que de l'année 2018. Ses arrêts incroyables ont permis aux Belges d'atteindre les demi-finales du Mondial.

QUEL CÉLÈBRE JOUEUR POSSÈDE UNE PIZZA À SON EFFIGIE ?

Il s'agit de Cristiano Ronaldo. Un pizzaiolo russe (et artiste) a réalisé cette superbe pizza en mélangeant du fromage et de la sauce tomate. Le résultat est vraiment incroyable !

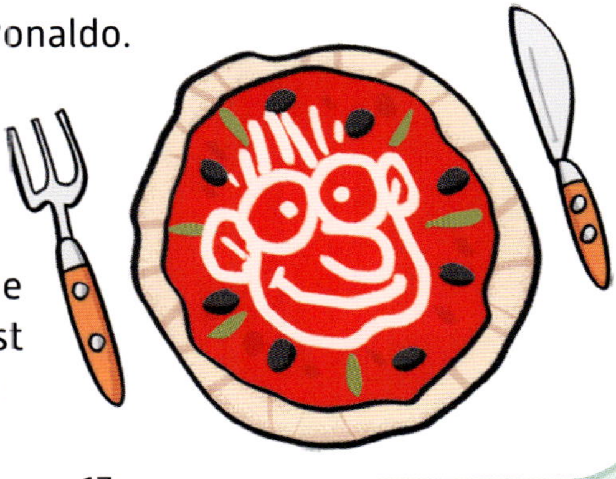

POURQUOI JUAN MATA ESSAYE-T-IL DE CONVAINCRE LES JOUEURS DE REVERSER 1 % DE LEUR SALAIRE ?

Il a développé avec sa sœur une association, Common Goal, dont l'objectif est que tous les footballeurs reversent 1 % de leurs revenus afin d'aider des personnes défavorisées.

QUEL ATTAQUANT REVERSE CHAQUE MOIS 3 000 EUROS À UNE ASSOCIATION CARITATIVE ?

Mohamed Salah soutient une association aidant les sans-abris et les nécessiteux. Pour info, il a déjà financé la construction d'une école et offert des ambulances dans son village natal.

QUEL JOUEUR A SA STATUE QUI TRÔNE À L'ENTRÉE DU CENTRE D'ENTRAÎNEMENT DU REAL DE MADRID ?

Il s'agit d'une statue d'Alfredo Di Stéfano qui joua au club de 1953 à 1964. Durant cette période, il marqua 308 buts et remporta huit championnats d'Espagne, cinq Ligues des champions et deux Ballons d'or.

QUEL EST LE DÉFENSEUR DONT LA SŒUR A PARTICIPÉ AU CONCOURS MISS FRANCE 2019 ?

Il s'agit de Raphaël Varane. Sa petite sœur, Annabelle, a été élue Miss Nord-Pas-de-Calais 2018 et a terminé dans les douze premières du concours.

POURQUOI ANDRÉS INIESTA EST-IL SURNOMMÉ CASPER ?

On le surnomme ainsi en référence à Casper le fantôme, car Iniesta a le teint particulièrement pâle. Pour info, il est également surnommé Don Andrés ou encore le Soleil du Barça.

QUEL ATTAQUANT EST ÉGALEMENT CONNU POUR SES MORSURES SUR SES ADVERSAIRES ?

L'Uruguayen Luis Suárez (surnommé el Pistolero) fut l'un des meilleurs buteurs de la planète. Mais il était malheureusement également connu pour ses morsures. Au cours de sa carrière, il a mordu plusieurs adversaires sur les terrains…

QUEL AUTRE SPORT PRATIQUA HUGO LLORIS DURANT SA JEUNESSE ?

Hugo Lloris était l'un des meilleurs joueurs de tennis de France, mais à l'âge de 13 ans, il préféra se consacrer exclusivement au foot… Une chance pour les Bleus !

QUI FUT DÉSIGNÉ PIRE RECRUE DE L'ANNÉE 2013 PAR LES SUPPORTERS DU REAL DE MADRID ?

Le Croate Luka Modrić a eu besoin d'un petit temps d'adaptation avant de faire briller l'équipe. Depuis son arrivée, le Real a gagné cinq Ligues des champions et Modrić a remporté le Ballon d'or !

QUEL EST LE SURNOM RIGOLO DE L'ATTAQUANT WAYNE ROONEY ?

Il est surnommé Shrek en référence à sa ressemblance avec le célèbre ogre vert de DreamWorks.

QUEL OBJET ÉTONNANT A RENDU EDINSON CAVANI PLUS FORT ?

Un appareil dentaire ! En 2011, les médecins ont découvert que ses problèmes musculaires étaient liés à sa dentition : un appareil a permis de corriger cela. Cavani a déclaré : « Je me suis tout de suite senti plus fort et je me suis amélioré dans mes réflexes. »

VRAI ou FAUX

LORSQU'IL ÉTAIT ENFANT, GARETH BALE ÉTAIT TELLEMENT FORT AU FOOT QUE SON ÉCOLE A DÛ CHANGER LE RÈGLEMENT.

Vrai, Bale était tellement doué que son formateur l'obligea à jouer un temps sans jamais pouvoir utiliser son bon pied (le gauche).

POURQUOI LUKA MODRIĆ A-T-IL ÉTÉ REFUSÉ PAR PLUSIEURS CLUBS QUAND IL ÉTAIT JEUNE ?

Il fut recalé au Hajduk Split et au NK Zadar à cause de sa petite taille. Le jeune Luka prit l'habitude de se suspendre à des barres afin d'essayer de grandir. Mais finalement un club crut en lui et il put devenir pro !

QUELLE STAR SIGNA LE PREMIER AUTOGRAPHE DE KYLIAN MBAPPÉ LORSQU'IL ÉTAIT ENFANT ?

Il s'agit de son idole Zinédine Zidane, qui réalisa une dédicace en espagnol. Mbappé a également eu la chance de prendre une photo avec son second joueur préféré, CR7.

QUEL GESTE FAIT PAULO DYBALA LORSQU'IL MARQUE UN BUT ?

Il célèbre ses buts en faisant un masque de gladiateur avec sa main. L'attaquant argentin veut ainsi montrer que pour gagner un match, il faut porter un masque de guerrier.

QUEL JOUEUR DE L'ÉQUIPE DE FRANCE EST FAN DE DAVID BECKHAM ?

David Beckham est l'idole d'Antoine Griezmann. Grizou est tellement fan de lui qu'il porte le numéro 7 ainsi que des maillots à longues manches en son honneur.

LORS DE L'EURO 1984, QUEL JOUEUR LÉGENDAIRE ÉTAIT RAMASSEUR DE BALLES ?

Zinédine Zidane (12 ans à l'époque) fut désigné ramasseur de balles en compagnie des meilleurs joueurs de la région lors de la rencontre France – Portugal se déroulant à Marseille.

VRAI OU FAUX

IAN WRIGHT FUT TRANSFÉRÉ À CRYSTAL PALACE EN ÉCHANGE D'APPAREILS DE MUSCULATION.

Vrai, l'attaquant anglais fut transféré de Greenwich Borough à Crystal Palace contre plusieurs appareils de musculation. Il passa ensuite à Arsenal pour 3 millions d'euros !

QUEL ATTAQUANT SUIT DES COURS D'AGRONOMIE PARALLÈLEMENT À SA CARRIÈRE ?

Edinson Cavani suit des études à distance car son rêve est de pouvoir travailler dans l'agriculture en Uruguay, une fois sa carrière de joueur terminée.

QUEL JOUEUR A OBTENU 1 MILLION DE VOIX LORS DES ÉLECTIONS PRÉSIDENTIELLES ?

Plus d'1 million d'Égyptiens ont voté pour Mohamed Salah alors qu'il n'était pas candidat ! Il est tellement aimé dans son pays que les électeurs ont inscrit son nom sur les bulletins de vote.

QUEL JOUEUR FRANÇAIS A DOUBLÉ LA VOIX DE SUPERMAN DANS *LEGO BATMAN*, LE FILM ?

Antoine Griezmann a prêté sa voix à ce film d'animation. Pour info, Blaise Matuidi a doublé la voix de Flash dans ce même film.

QUEL LÉGUME EST LE SURNOM DU MEXICAIN JAVIER HERNÁNDEZ ?

Il est surnommé Chicharito (Petit Pois) en référence à ses yeux verts. Le sais-tu ? Chicharito vient d'une famille de champions puisque son père et son grand-père ont également participé à une Coupe du monde.

VRAI OU FAUX

L'ATTAQUANT MEMPHIS DEPAY EST UN EXCELLENT CHANTEUR D'OPÉRA.

C'est faux ! En revanche c'est un excellent rappeur. Il fait partie d'un groupe de hip-hop et diffuse régulièrement ses vidéos sur YouTube.

LES ÉQUIPES LÉGENDAIRES

QUEL ANIMAL ÉTONNANT EST PRÉSENT SUR L'ÉCUSSON DU CLUB ITALIEN DU CALCIO CATANE ?

Un superbe éléphant (qui est le symbole de la ville de Catane). Les joueurs de cette équipe sicilienne sont d'ailleurs surnommés gli Elefanti (les Éléphants).

QUEL CLUB POSSÈDE UN DIABLE ROUGE SUR SON BLASON ?

Il s'agit de Manchester United, qui arbore un diable rouge tenant un trident. Les dirigeants du club ont choisi un diable comme emblème à la fin des années 1960 afin d'effrayer leurs adversaires.

QUEL ANIMAL EST LE SYMBOLE DU FC VALENCE ?

Une chauve-souris noire est présente sur l'écusson du FC Valence. Le sais-tu ? La chauve-souris est le porte-bonheur de cette ville depuis le XIIIe siècle.

QUEL PAYS A INFLIGÉ LA PLUS LOURDE DÉFAITE À LA FRANCE ?

Le Danemark a infligé une véritable gifle à la France (17-1) lors de la demi-finale des Jeux olympiques de Londres en 1908. À la suite de cette déroute, les Français ont déclaré forfait pour la petite finale.

QUEL EST LE PAYS LE MOINS PEUPLÉ À AVOIR PARTICIPÉ À UNE COUPE DU MONDE ?

C'est l'Islande (373 000 habitants) qui détient ce record. Pour info, la ville de Toulouse possède plus d'habitants (498 000).

QUELS OBJETS INSOLITES FIGURENT SUR L'ÉCUSSON DE WEST HAM ?

Deux marteaux dorés.
L'équipe de West Ham est d'ailleurs surnommée the Hammers (les Marteaux). Ces outils rendent hommage aux ouvriers travaillant l'acier sur les chantiers navals (où fut fondé le club en 1895).

QUEL PAYS A ENCAISSÉ LE PLUS DE BUTS EN COMPILANT TOUTES LES FINALES DE COUPE DU MONDE ?

Ce triste record est actuellement détenu par l'Allemagne avec quinze buts encaissés (en huit finales). Vient ensuite l'Argentine avec douze buts, puis le Brésil et l'Italie avec neuf buts.

QUELLE CÉLÈBRE ÉQUIPE EST SURNOMMÉE LA VIEILLE DAME ?

Il s'agit du surnom de la Juventus de Turin. Ce sobriquet fut inventé dans les années 1930 afin de rendre hommage à la longévité du club (fondé en 1897) et à son palmarès.

QUELLE ÉQUIPE ITALIENNE JOUE AVEC UN MAILLOT VIOLET ?

La Fiorentina porte un superbe maillot violet depuis 1929. La légende raconte que cette couleur si particulière fut adoptée à cause d'une erreur de lavage où des fleurs de lavande avaient déteint sur les maillots.

QUEL EST LE POINT COMMUN ENTRE L'ESPAGNE, L'ANGLETERRE ET L'URUGUAY ?

Ce sont les trois seuls pays à avoir disputé une finale de Coupe du monde sans jamais perdre : l'Uruguay en 1930 et 1950, l'Angleterre en 1966, l'Espagne en 2010.

QUEL EST LE NOM DE L'ÉQUIPE DONT LE STADE EST SURNOMMÉ LA CATHÉDRALE ?

Il s'agit du surnom du stade du Borussia Dortmund. Ce stade incroyable (le Signal Iduna Park) possède la plus grande tribune debout d'Europe (25 000 places), surnommée le Mur jaune.

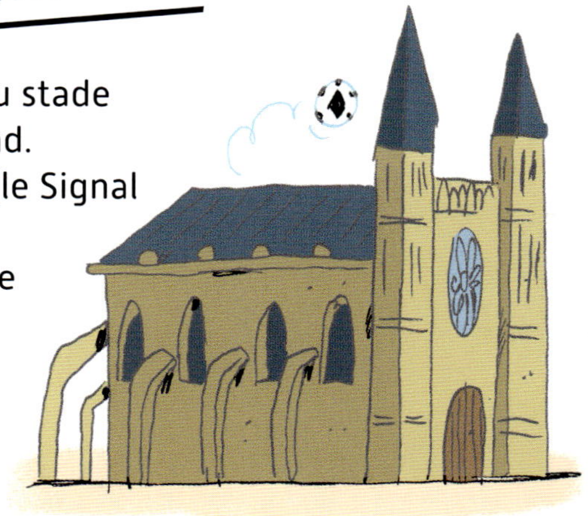

DANS QUEL PAYS LE CLUB DE L'ÉTOILE FC FUT-IL CHAMPION ?

L'Étoile FC fut champion de Singapour en 2010. La spécificité de ce club est d'accueillir uniquement des joueurs français. Il s'agit de la première équipe française à remporter un championnat étranger.

QUEL EST LE CLUB LE PLUS POPULAIRE SUR INTERNET ?

Selon les chiffres de 2023, en première position arrive le Real de Madrid (363 millions d'abonnés). Viennent ensuite le FC Barcelone (342 millions), Manchester United (206 millions) et le Paris Saint-Germain (187 millions).

QUELLE ÉQUIPE PORTE LE NOM D'UN HÉROS DE LA MYTHOLOGIE GRECQUE ?

Il s'agit de l'Ajax d'Amsterdam. Le nom Ajax a été choisi en référence au personnage de la mythologie qui était connu pour son courage et sa force. Il est d'ailleurs représenté sur l'écusson du club.

QUEL CLUB AFFICHE LE MOT « INVICTA » SUR SON ÉCUSSON ?

Il s'agit du FC Porto. La devise complète est « Cidade Invicta » (la Ville invaincue). Sur l'écusson se trouve un dragon crachant du feu et portant une écharpe indiquant « Invicta ».

QUELLE EST LA PARTICULARITÉ DE L'ÉCUSSON DE L'UC SAMPDORIA ?

Le blason arbore le visage (de profil) d'un vieux monsieur fumant sa pipe. Il s'agit d'un marin portant une barbe, un béret, et de longs cheveux dans le vent. Il est surnommé le Baciccia (le Marin de Gênes) par les supporters.

QUELLE STATISTIQUE INCROYABLE DÉTIENT L'ÉQUIPE D'ESPAGNE ?

Lors de sa victoire à la Coupe du monde 2010, l'Espagne a marqué seulement huit buts (dont cinq par David Villa). Il s'agit de l'équipe championne du monde ayant marqué le moins de buts de l'histoire.

APRÈS SON ÉLIMINATION DE LA COUPE DU MONDE 2018, QU'A FAIT L'ÉQUIPE DU JAPON ?

Malgré la déception à la suite de leur élimination contre la Belgique (3-2), les Japonais ont entièrement nettoyé et rangé le vestiaire. Ils ont également laissé un mot écrit en russe : « Merci ».

QU'A FAIT LA FÉDÉRATION DU COSTA RICA LORS DU MONDIAL 2018 ?

La Fédération a envoyé 800 kg de riz et de haricots en Russie afin de s'assurer que leurs joueurs puissent manger suffisamment de Gallo Pinto, une spécialité locale. Mais cela n'a pas suffi pour gagner, le Costa Rica fut éliminé au premier tour (1 point).

QUELS SUPPORTERS CHANTENT « YOU'LL NEVER WALK ALONE » ?

Il s'agit du célèbre chant des fans de Liverpool. Cette devise est d'ailleurs inscrite sur l'écusson du club.

QUEL CLUB ANGLAIS POSSÈDE UN CANON SUR SON ÉCUSSON ?

Il s'agit d'Arsenal FC. L'équipe est surnommée the Gunners (les Canonniers), car à l'époque de la fondation du club, la plupart des joueurs travaillaient dans une usine d'armements, le Royal Arsenal.

LORS DE L'EURO 2012, QUELLE ÉQUIPE AVAIT L'INTERDICTION D'UTILISER FACEBOOK ET TWITTER ?

Il s'agit du Danemark. Le coach de l'époque, Morten Olsen, estimait que les réseaux sociaux faisaient perdre du temps et surtout de la concentration à ses joueurs.

POURQUOI L'ÉQUIPE DU DANEMARK A-T-ELLE FAIT GRÈVE EN 2018 ?

Afin de manifester contre la signature d'un nouveau contrat de sponsoring.
La Fédération danoise a dû faire appel à des joueurs amateurs ainsi qu'à l'équipe nationale de futsal...
Résultat, une défaite 3-0 contre la Slovaquie.

QUEL PAYS A REMPORTÉ L'EURO 2004 ?

Il s'agit de la Grèce, qui remporta cette compétition à la surprise générale. Cette victoire de l'équipe hellène est considérée comme l'une des plus grandes surprises de l'histoire du foot.

QUELLE ÉQUIPE LÉGENDAIRE JOUE DANS LE STADE SURNOMMÉ LA BOMBONERA ?

Le club argentin du CA Boca Juniors joue dans ce magnifique stade. Le sais-tu ? « Bombonera » signifie « bonbonnière ».

LORS DE LA COUPE DU MONDE 2018, QUELLE ÉQUIPE AVAIT LA PLUS JEUNE MOYENNE D'ÂGE ?

Il s'agit du Nigeria (25,5 ans). À la deuxième place du classement venaient, à égalité, la France et l'Angleterre (25,6 ans). Pour info, le plus jeune joueur était l'Australien Daniel Arzani (19 ans et 5 mois).

QUEL PAYS A MARQUÉ LE PLUS DE BUTS EN FINALE DE COUPE DU MONDE ?

Actuellement, il s'agit du Brésil avec un total de quinze buts (en sept finales). En deuxième position arrive l'Allemagne (douze buts), puis l'Italie et la France (onze buts).

QUELLE CÉLÈBRE ÉQUIPE NATIONALE JOUE EN ORANGE ?

Il s'agit de l'équipe des Pays-Bas. Les Hollandais portent ce maillot orange en hommage à leur prince, Guillaume Ier d'Orange-Nassau.

COMMENT S'APPELLE LE CENTRE DE FORMATION DU REAL DE MADRID ?

La Fábrica est l'un des meilleurs centres de formation du monde. Parmi les professionnels qui y ont été formés, les plus connus sont Iker Casillas, Juan Mata, Dani Carvajal, Lucas Vázquez…

EN 2017, QUELLE ÉQUIPE NATIONALE A EFFECTUÉ UN STAGE DANS L'ARMÉE ?

Il s'agit de l'équipe d'Angleterre, qui a passé un week-end chez les Royal Marines.
Au programme, uniforme militaire, bain de boue, bottes en cuir et parcours commando.

QUELLE ÉQUIPE NATIONALE EST SURNOMMÉE L'ÉQUIPE AU DAMIER ?

Il s'agit de la Croatie. Les vingt-cinq carreaux rouge et blanc figurant sur son maillot représentent les vingt-cinq provinces de la Croatie.

QUELLE ÉQUIPE NATIONALE EST SURNOMMÉE LE BATEAU PIRATE ?

La Grèce, depuis l'Euro 2004. Durant la cérémonie précédant le match d'ouverture Portugal – Grèce, un immense bateau portugais était représenté. À la suite de la victoire des Grecs, les supporters ont eu l'idée de prendre ce surnom original.

POURQUOI LE FC NANTES A-T-IL DÛ RETIRER SON ÉQUIPE FÉMININE DES MOINS DE 15 ANS ?

Car elles étaient beaucoup trop fortes. En 2018, les Nantaises ont marqué quatre-vingt-seize buts en trois rencontres (24-1, 31-0 et 41-0). La Fédération a décidé de les faire jouer contre des équipes masculines.

QU'EST-CE QUE LE FLA-FLU ?

Il s'agit du surnom du plus célèbre derby de la ville de Rio de Janeiro (Brésil). Ce derby, qui voit s'opposer les équipes de Flamengo et de Fluminense, est l'un des plus vieux du monde puisqu'il date de 1912.

QUELLE ÉQUIPE POSSÈDE SUR SON ÉCUSSON UN CHEVAL AVEC UNE QUEUE DE POISSON ?

Il s'agit de Newcastle United. Cet animal si spécial (mi-cheval mi-poisson avec une langue de serpent) est présent sur le blason de la ville.

QUEL CADEAU INSOLITE A OFFERT LE CLUB DU HERTHA BERLIN À L'UN DE SES FANS ?

Le club a offert un tatouage permettant d'avoir un accès gratuit à vie à tous les matchs à domicile du club. C'est Ilja Pankow qui a remporté le concours et qui s'est fait tatouer ce ticket à vie sur le bras.

QUELLES ÉQUIPES S'AFFRONTENT LORS DU KLASSIKER ?

Il s'agit de la rencontre du championnat d'Allemagne entre le Bayern de Munich et le Borussia Dortmund. À ce jour, le meilleur buteur du Klassiker est le Polonais Robert Lewandowski avec trente-deux buts.

QUELLE ÉQUIPE POSSÉDAIT LE PLUS BEAU MAILLOT LORS DU MONDIAL 2018 ?

Selon un sondage, il s'agissait du Nigeria. Son maillot vert fluo, blanc et noir avec des motifs vintage a connu un succès incroyable et fut rapidement en rupture de stock.

VRAI OU FAUX

LA FRANCE N'A JAMAIS PERDU CONTRE LE BRÉSIL EN COUPE DU MONDE.

Faux, à ce jour, la France a affronté le Brésil à quatre reprises. Les Bleus comptent trois victoires (1986, 1998 et 2006) pour une défaite (en demi-finale en 1958). La France a marqué sept buts (pour six encaissés).

QUEL EST LE SURNOM DONNÉ AU DERBY DE LA VILLE DE GLASGOW ?

Il s'agit du Old Firm (la Vieille Entente), qui voit s'opposer le Celtic FC au Rangers FC. Le premier Old Firm a eu lieu en 1888 et a vu la victoire du Celtic (5-2).

QUEL FUT LE PREMIER MATCH INTERNATIONAL DE L'HISTOIRE DU FOOT ?

L'Écosse et l'Angleterre se sont affrontées pour la première fois le 30 novembre 1872. La rencontre fut jouée devant 4 000 supporters et s'est terminée sur 0-0. Le sais-tu ? Ce match est surnommé Old Enemies (les Vieux Ennemis).

QUELLE ÉQUIPE NATIONALE EST SURNOMMÉE LA SÉLECTION DES QUINAS ?

Il s'agit du Portugal (Seleção das Quinas). Le mot « quinas » fait référence aux cinq écus présents sur le drapeau du Portugal.

QUEL CLUB A PERDU TOUTES SES FINALES DE COUPES D'EUROPE DEPUIS 1963 ?

Il s'agit du SL Benfica qui, depuis ses deux victoires en Ligue des champions (1961 et 1962), connaît une malédiction. Le club portugais a perdu huit finales d'affilée (cinq Ligues des champions et trois Ligues Europa).

QUEL CLUB ESPAGNOL FUT CRÉÉ PAR UN EXPERT-COMPTABLE SUISSE ?

Il s'agit du FC Barcelone, qui fut fondé en 1899 par Hans Gamper. Ce dernier aurait choisi les couleurs (bleu et rouge) afin de rendre hommage au FC Bâle (son ancien club).

QUELLES ÉQUIPES S'AFFRONTENT LORS DU MERSEYSIDE DERBY ?

Il s'agit du derby de la ville de Liverpool, qui voit s'opposer Everton FC et Liverpool FC.
À ce jour, la victoire la plus importante de ce derby remonte à 1933, où Liverpool FC a gagné 7-4.

QUELLE FUT LA PREMIÈRE ÉQUIPE ANGLAISE À REMPORTER LA LIGUE DES CHAMPIONS ?

Il s'agit de Manchester United, qui remporta cette prestigieuse compétition en 1968 grâce à une victoire contre le Benfica de Lisbonne (4-1) durant les prolongations.

QUEL FUT LE PREMIER CLUB À REMPORTER LA LIGUE DES CHAMPIONS AUX TIRS AU BUT ?

Il s'agit du FC Liverpool, qui remporta la finale de 1984 contre l'AS Roma (4-2). Depuis, d'autres équipes ont également gagné de cette manière, comme le Steaua Bucarest, le PSV, l'Étoile rouge de Belgrade, la Juventus, le Bayern de Munich, l'AC Milan, Manchester United, Chelsea et le Real de Madrid.

QUELLE ÉQUIPE POSSÈDE COMME ÉCUSSON UN OURS ESSAYANT D'ATTRAPER UNE FRAISE ?

Il s'agit du logo de l'Atlético de Madrid. En réalité, l'ours et l'arbre à fraises proviennent du blason de la capitale espagnole.

VRAI OU FAUX

L'ÉQUIPE DE FINLANDE EST SURNOMMÉE HIBOU GRAND-DUC.

Vrai, cette équipe porte ce surnom étonnant (« huuhkajat » en finlandais) depuis 2007. En effet, lors d'une rencontre contre la Belgique, le match a dû être arrêté car un hibou grand-duc s'était posé sur l'une des cages.

POUR QUELLE ÉQUIPE PELÉ A-T-IL JOUÉ DE 1975 À 1977 ?

Il s'agit de l'équipe américaine des Cosmos de New York. Ce club légendaire fut champion des États-Unis à cinq reprises avant de disparaître en 1985.

QUEL CLUB JOUE DANS LE PLUS GRAND STADE D'EUROPE ?

Il s'agit du FC Barcelone. Le Camp Nou a actuellement une capacité de 99 354 places. Viennent ensuite le Signal Iduna Park du Borussia Dortmund (81 359), puis le stade Santiago-Bernabéu du Real de Madrid (81 044).

QUELLE ÉQUIPE A REMPORTÉ TROIS LIGUES DES CHAMPIONS DE 2016 À 2018 ?

Il s'agit du Real de Madrid avec des victoires en 2016, 2017 et 2018. Lors de ces trois finales historiques, Zinédine Zidane était l'entraîneur du Real.

INFOS ET RECORDS

QUEL RECORD DÉTIENT LE GARDIEN ASMIR BEGOVIĆ ?

En 2014, il a inscrit le but le plus lointain de l'histoire du foot (91,9 m). Asmir marqua ce but après avoir effectué un dégagement. Le vent porta le ballon et trompa le gardien adverse.

QUEL RECORD INCROYABLE DÉTIENT CHAVA REYES ?

Il s'agit du joueur le plus âgé de l'histoire du foot. En 2008, Chava a joué pour le club de D1 mexicaine Chivas alors qu'il avait 71 ans et 121 jours. Petite précision, il n'a joué qu'une minute...

COMBIEN DE BUTS LIONEL MESSI A-T-IL INSCRIT EN 2012 ?

Il a marqué quatre-vingt-onze buts du 1er janvier au 31 décembre 2012.
Il s'agit d'un record mondial absolument incroyable ! Messi a joué soixante-neuf rencontres, soit une moyenne de 1,31 but par match.

COMBIEN DE BUTS STEFAN DEMBICKI A-T-IL MARQUÉ LORS D'UN MATCH ?

En 1942, Stanis a marqué seize buts pour le compte du RC Lens contre l'Auby Asturies et a même pris un carton rouge à la 90e minute. Ce match de Coupe de France s'est terminé sur le score incroyable de 32-0 !

QUEL RECORD AMUSANT DÉTIENT WILLIAM FOULKE ?

Il s'agit du joueur le plus lourd de l'histoire du football international. William, surnommé Fatty (le Grassouillet), mesurait 1,93 m et pesait 150 kg ! Il a eu une sélection avec l'Angleterre en 1897.

QUEL EXPLOIT A ACCOMPLI ROBERT LEWANDOWSKI EN 2015 ?

L'attaquant polonais a réalisé le quintuplé le plus rapide de l'histoire du foot ! En effet, il a inscrit cinq buts en neuf minutes lors de la victoire du Bayern de Munich contre Wolfsburg (5-1).

QUEL EST LE RECORD DE BUTS INSCRITS DURANT UN MATCH ?

149-0 ! Ce résultat incroyable est arrivé lors de la rencontre du championnat de Madagascar : AS Adema – SO Emyrne. Les joueurs d'Emyrne ont inscrit volontairement 149 buts contre leur camp afin de protester contre une décision de l'arbitre.

QUELS SONT LES DEUX PAYS À AVOIR REMPORTÉ LE PLUS D'EURO ?

Avec trois titres respectifs, l'Espagne et l'Allemagne dominent ce classement. La France est juste derrière avec deux titres en 1984 et 2000.

QUEL RECORD DÉTIENT LE GARDIEN JOSÉ LUIS CHILAVERT ?

Il est à ce jour le seul gardien de l'histoire à avoir inscrit un triplé. Il réalisa cet exploit en 1999 lors de la rencontre du championnat d'Argentine entre Vélez Sarsfield et Ferro Carril Oeste (6-1).

QUEL TRISTE RECORD DÉTIENT CYRIL ROOL ?

Il s'agit du joueur ayant reçu le plus de cartons rouges dans l'histoire du championnat de France. Ce rugueux défenseur a été expulsé à vingt-sept reprises et a reçu 187 cartons jaunes durant sa carrière !

QUEL ÂGE AVAIT LE PLUS VIEUX LAURÉAT DU BALLON D'OR ?

Il s'agit de l'Anglais Stanley Matthews qui remporta le Ballon d'or en 1956 à l'âge de 41 ans. Pour info, le plus jeune vainqueur est le Brésilien Ronaldo (20 ans en 1997).

QUEL JOUEUR A MARQUÉ LE CENTIÈME BUT DE LA COUPE DU MONDE 2018 ?

C'est Lionel Messi qui a eu cet honneur en marquant le premier but contre le Nigeria (victoire de l'Argentine 2-1). Au total, 169 buts furent inscrits lors des soixante-quatre rencontres du Mondial (soit une moyenne de 2,64 buts par match).

QUEL RECORD DÉTIENNENT LES SUPPORTERS DE BEŞIKTAŞ ?

En 2013, ils ont battu le record du monde de bruit effectué dans un stade. Ils sont arrivés à 141 décibels, soit le bruit d'un avion de ligne au décollage !

À QUELLE HAUTEUR CRISTIANO RONALDO A-T-IL EFFECTUÉ UN RETOURNÉ ACROBATIQUE ?

En 2018, lors de Juventus – Real de Madrid, CR7 a effectué un retourné à 2,30 m de hauteur ! Ce but incroyable fut salué par les supporters italiens et élu plus beau but de la saison par l'UEFA. CR7 décida de rejoindre la Juventus quelques mois plus tard.

LORS DU MONDIAL 2018, COMBIEN DE RENCONTRES SE SONT TERMINÉES SUR LE SCORE DE 0-0 ?

Sur les soixante-quatre matchs du Mondial, un seul match s'est terminé sans le moindre but. Il s'agit de la rencontre France – Danemark (0-0) lors du premier tour.

VRAI OU FAUX

LA CROATIE EST LE PAYS LE MOINS PEUPLÉ DE L'HISTOIRE À ATTEINDRE LA FINALE.

Faux, la Croatie (4,1 millions d'habitants) est devancée par l'Uruguay (3,4 millions d'habitants) qui remporta la Coupe du monde en 1930 et en 1950.

QUEL EST LE RECORD DE BUTS MARQUÉS « CONTRE SON CAMP » PENDANT UNE COUPE DU MONDE ?

Douze autobuts, qui furent marqués durant le Mondial 2018. Le précédent record datait de 1998 (où six autobuts avaient été marqués).

QUEL RECORD DÉTIENT L'ÉGYPTIEN ESSAM EL-HADARY ?

Âgé de 45 ans et 161 jours, le gardien égyptien est devenu, en 2018, le joueur le plus vieux à jouer un match de Coupe du monde (Égypte – Arabie Saoudite : 1-2). Pour info, durant ce Mondial 2018, il était plus âgé que trois entraîneurs.

QUELLE VILLE POSSÈDE LE PLUS GRAND NOMBRE DE STADES D'AU MOINS 10 000 PLACES ?

La ville de Buenos Aires (Argentine) compte trente-six stades de plus de 10 000 places. Le plus grand est le stade Monumental accueillant l'équipe de River Plate (65 000 places).

LES ARBITRES PRENNENT EN MOYENNE 49 % DE BONNES DÉCISIONS.

Faux, selon une étude anglaise, 92 % des décisions arbitrales sont bonnes ! L'erreur est humaine, mais chez les arbitres, elle n'existe quasiment pas !

QUI EST LE PLUS JEUNE JOUEUR À AVOIR DISPUTÉ UNE RENCONTRE DE 1RE DIVISION EN ARGENTINE ?

Avec 15 ans et 35 jours, il s'agit de l'attaquant Sergio Agüero, qui joua son premier match pro pour l'Independiente en 2003. L'ancien record était détenu par Diego Maradona.

QUEL ÂGE AVAIT L'ENTRAÎNEUR LE PLUS VIEUX DU MONDIAL 2018 ?

Le sélectionneur de l'Uruguay Óscar Tabáres était l'aîné du tournoi avec ses 71 ans. À l'inverse, le coach le plus jeune était le Sénégalais Aliou Cissé (42 ans).

QUEL EST LE SEUL JOUEUR À AVOIR MARQUÉ LORS DE DEUX FINALES D'UN EURO ?

Il s'agit de l'Espagnol Fernando Torres. Il a marqué en 2008 (victoire contre l'Allemagne 1-0) et en 2012 (victoire contre l'Italie 4-0).

QUI A TERMINÉ MEILLEUR BUTEUR DE L'EURO 2016 ?

Antoine Griezmann, avec six buts. Il a largement dominé le classement des buteurs en devançant Olivier Giroud (trois buts) et Álvaro Morata (trois buts). Grizou a également été désigné meilleur joueur du tournoi.

QUEL RECORD DÉTIENT LE PORTUGAIS RENATO SANCHES ?

Il s'agit du plus jeune joueur ayant remporté l'Euro. Lors de la victoire du Portugal en 2016, Renato avait 18 ans et 326 jours. À l'inverse, le vainqueur le plus âgé est le Portugais Ricardo Carvalho (38 ans et 53 jours).

QUEL JOUEUR A REMPORTÉ TREIZE CHAMPIONNATS NATIONAUX AVEC SIX CLUBS DIFFÉRENTS DE 2002 À 2016 ?

Il s'agit du grand Zlatan Ibrahimović, avec l'Ajax Amsterdam (deux titres), la Juventus (deux), l'Inter de Milan (trois), le FC Barcelone (un), l'AC Milan (un), le PSG (quatre).

QUELLE TAILLE MESURAIT LE PLUS PETIT JOUEUR DE LA COUPE DU MONDE 2018 ?

Il s'agit du Suisse Xherdan Shaqiri, qui mesure à peine 1,69 m.
Sa petite taille ne l'a pas empêché de briller en marquant contre la Serbie.
A contrario, le plus grand joueur était le Croate Lovre Kalinić (2,01 m).

QUEL POIDS PESAIT LE JOUEUR LE PLUS LÉGER DE LA COUPE DU MONDE 2018 ?

59 kg !
Trois joueurs pesaient ce « poids plume » : Mbark Boussoufa (Maroc), Javier Aquino (Mexique) et Takashi Inui (Japon).

COMBIEN DE PAYS ONT DÉJÀ REMPORTÉ LA COUPE DU MONDE ?

À ce jour, seulement huit pays ont remporté la Coupe du monde : Brésil (cinq titres), Italie (quatre), Allemagne (quatre), Argentine (trois), France (deux), Uruguay (deux), Espagne (un) et Angleterre (un).

COMBIEN DE TÉLÉSPECTATEURS ONT REGARDÉ LA FINALE DE LA COUPE DU MONDE 2022 ?

Selon les chiffres de la FIFA, 1,5 milliard de téléspectateurs ont regardé France – Argentine à travers le monde.

QUEL EST LE PREMIER FOOTBALLEUR DE L'HISTOIRE À AVOIR DÉPASSÉ LES 10 MILLIONS D'ABONNÉS SUR TWITTER ?

Il s'agit du Brésilien Kaká, qui a dépassé ce chiffre en avril 2012. Aujourd'hui, c'est beaucoup plus. Par exemple, CR7 a plus de 600 millions d'abonnés sur Instagram en 2023.

QUEL RECORD FUT BATTU PAR JAN VERTONGHEN DURANT LA COUPE DU MONDE 2018 ?

Le défenseur belge a battu le record du but de la tête le plus lointain durant un Mondial. Il marqua ce but des 18 m contre le Japon en huitième de finale.

QUEL RECORD A BATTU MICHEL PLATINI LORS DE L'EURO 1984 ?

Michel Platini a battu le record de buts marqués lors d'un Euro (neuf buts en cinq matchs !) et a permis à la France de remporter son premier titre majeur. Pour info, le deuxième meilleur buteur fut le Danois Frank Arnesen avec trois buts.

QUEL EST LE RECORD DU BUT LE PLUS RAPIDE LORS D'UN EURO ?

Le record est actuellement détenu par le Russe Dmitri Kiritchenko qui marqua après 68 secondes lors du match de groupe entre la Russie et la Grèce en 2004 (2-1).

QUI A TERMINÉ MEILLEUR BUTEUR DE LA COUPE DU MONDE 2018 ?

Il s'agit de l'Anglais Harry Kane, qui a terminé en tête du classement des buteurs avec six réalisations (dont trois sur penalty). Viennent ensuite Romelu Lukaku, Antoine Griezmann, Kylian Mbappé, Cristiano Ronaldo et Denis Cheryshev avec quatre buts.

QUEL TRISTE RECORD DÉTIENT L'ÉQUIPE DE SUÈDE ?

Il s'agit du pays qui a encaissé le plus de buts en finale de Coupe du monde. En effet, la Suède a pris cinq buts lors de la finale contre le Brésil en 1958 (5-2) à Stockholm.

QUEL EST LE POINT COMMUN ENTRE DIDIER DESCHAMPS, MÁRIO ZAGALLO ET FRANZ BECKENBAUER ?

Il s'agit des trois seules personnes à avoir été champion du monde comme joueur puis comme sélectionneur. Deschamps avec la France (1998/2018), Zagallo avec le Brésil (1958, 1962/1970, 1994) et Beckenbauer avec l'Allemagne (1974/1990).

QUEL INCROYABLE RECORD DÉTIENT L'ÉQUIPE ANGLAISE DE NOTTINGHAM FOREST ?

C'est la seule équipe à avoir remporté plus de Ligues des champions (deux titres en 1979 et 1980) que de championnats nationaux (un titre en 1978).

QUEL RECORD A BATTU LIONEL MESSI LORS DE LA COUPE DU MONDE 2022 ?

Il est devenu le premier joueur à tirer cinq penalties en une seule édition de Coupe du monde. Sur ces cinq tirs, Messi en a marqué quatre et raté un (contre la Pologne).

QUEL RECORD DÉTIENT L'ANCIEN ATTAQUANT TURC HAMI MANDIRALI ?

Il est connu pour avoir marqué le but avec la frappe la plus puissante de l'histoire. Son tir victorieux a été flashé à 266 km/h ! Soit aussi rapide qu'une Formule 1.

QUEL EST LE RECORD DE BUTS INSCRITS LORS D'UNE FINALE EN LIGUE DES CHAMPIONS ?

10 buts ! Ce record date de la finale en 1960 où le Real Madrid a battu l'Eintracht Francfort sur le score de 7-3. Pour info, cette finale détient également le record d'affluence avec 127 621 fans en tribune.

QUEL EST LE CLUB LE PLUS RICHE DU MONDE EN 2023 ?

Il s'agit du Real Madrid. Il devance sur le podium le FC Barcelone. Le PSG n'arrive qu'à la septième position.

QUELLE STATISTIQUE INCROYABLE DÉTIENT KINGSLEY COMAN ?

Depuis ses débuts professionnels en 2013, Kingsley a remporté chaque saison le championnat national avec ses différents clubs (deux avec le PSG, deux avec la Juventus et huit avec le Bayern Munich). Soit douze titres de champion en douze saisons !

COMBIEN DE BUTS DIDIER DESCHAMPS A-T-IL INSCRIT DURANT SA CARRIÈRE ?

Didier Deschamps a inscrit vingt-cinq buts durant sa carrière (dont quatre avec l'équipe de France). Il a joué 665 rencontres soit un total d'à peine un but tous les 0,04 match...

QUEL JOUEUR A ÉTÉ FLASHÉ À 37 KM/H LORS DU MONDIAL 2018 ?

Lors du match contre l'Argentine, Kylian Mbappé a couru à 37 km/h. Grâce à cette vitesse incroyable, il a pu transpercer la défense et son action a mené à un penalty (victoire finale des Bleus 4-3).

QUEL RECORD DÉTIENT LE NORVÉGIEN MARTIN ØDEGAARD ?

En 2014, il est devenu le plus jeune joueur à disputer un match de qualification pour un Euro. Martin a joué contre la Bulgarie alors qu'il avait à peine 15 ans et 300 jours (victoire de la Norvège).

QUEL RECORD DÉTIENT LE GARDIEN EDWIN VAN DER SAR ?

Le nombre de minutes d'affilée sans encaisser de but. Lors de la saison 2008, alors qu'il évoluait à Manchester United, ses filets sont restés intouchables durant 1331 minutes (soit plus de quatorze matchs de suite !).

COMBIEN DE TRIPLÉS PELÉ A-T-IL INSCRIT DURANT SA CARRIÈRE ?

Pelé a inscrit quatre-vingt-douze triplés durant sa carrière (au total, il aurait inscrit 1281 buts en 1363 matchs !). Pour info, il a réalisé une fois un octuplé (huit buts), six fois un quintuplé et trente fois un quadruplé.

QUI DÉTIENT LE RECORD DE BUTS SUR UNE SAISON DANS LE CHAMPIONNAT D'ESPAGNE ?

Il s'agit de Lionel Messi, qui a marqué cinquante buts lors de la saison 2011-2012. Leo est également le meilleur buteur de l'histoire de la Liga avec un total de 474 buts en 520 matchs (chiffres 2023).

QUEL JOUEUR DÉTIENT LE RECORD DE BUTS SUR UNE SAISON EN LIGUE DES CHAMPIONS ?

Cristiano Ronaldo a établi ce record incroyable (dix-sept buts) lors de la saison 2013-2014 avec le Real de Madrid. On se demande bien qui pourra un jour faire mieux que lui...

LORS DU MONDIAL 2018, COMBIEN DE MINUTES NEYMAR A-T-IL PASSÉ COUCHÉ AU SOL ?

Neymar a passé quatorze minutes à se rouler au sol durant la Coupe du monde. Avant de se moquer, il faut tout de même préciser que c'est également le joueur qui a subi le plus de fautes (vingt-six fautes en cinq matchs).

QUEL RECORD DÉTIENT L'ATTAQUANT MICHY BATSHUAYI ?

Ce globe-trotteur est le premier joueur du XXIe siècle à avoir marqué (au moins un but) en Premier League (Angleterre), en Ligue 1 (France), en Bundesliga (Allemagne) et en Liga (Espagne).

100 % INSOLITE

100 % INSOLITE

VRAI OU FAUX

EN 2017, LORS DU MARIAGE DE MESSI, LES INVITÉS ONT ÉTÉ INCROYABLEMENT RADINS.

Vrai, Messi et son épouse avaient demandé comme cadeau de faire un don à une association qui s'occupe de personnes défavorisées. À la fin de la soirée, l'ONG n'a récolté que 9 000 euros soit une moyenne de 35 euros par invité...

QU'EST-IL ARRIVÉ À LA SŒUR DE NEYMAR ALORS QU'ELLE FÊTAIT UN BUT ?

Rafaella Santos s'est déboîtée l'épaule en sautant de joie lors du but de son frère offrant la victoire du Brésil face au Costa Rica (2-0) durant la Coupe du monde 2018.

QUELLE EST LA SPÉCIALITÉ DE L'ENTRAÎNEUR THOMAS GRØNNEMARK ?

Le coach danois a été engagé par le FC Liverpool afin de s'occuper uniquement des rentrées en touche. Il a rejoint le staff de Jürgen Klopp en septembre 2018. Pour info, Thomas est un ancien champion de bobsleigh.

QUELLE INCROYABLE PARTICULARITÉ PHYSIQUE POSSÈDE SŁAWOMIR PESZKO ?

Cet international polonais a quatre reins. Cette anomalie physique extrêmement rare (une personne sur 5,5 millions) a été détectée lorsqu'il a signé un contrat avec le FC Cologne en 2010.

QU'A FAIT UN SUPPORTER TURC ALORS QU'IL ÉTAIT INTERDIT DE STADE ?

En avril 2018, afin d'assister à une rencontre de Denizlispor, il a loué une grue et a placé la nacelle juste au-dessus des tribunes. Il a pu ainsi regarder le match sans problème.

POUR QUELLE RAISON PHILIPPE MEXÈS A-T-IL DÛ ALLER À L'HÔPITAL EN 2013 ?

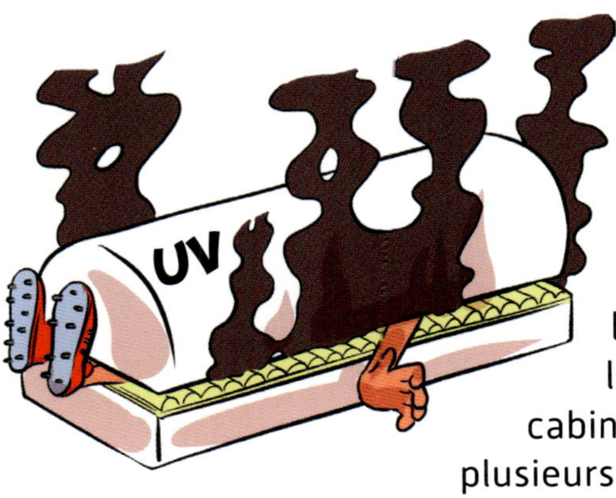

Alors qu'il jouait à l'AC Milan, il a dû être hospitalisé d'urgence car il s'était fait une inflammation de l'œil en restant trop longtemps dans une cabine UV. Il dut prendre plusieurs semaines de repos.

POURQUOI LE DANOIS LARS ELSTRUP A-T-IL SOUDAINEMENT ARRÊTÉ LE FOOT ?

Alors qu'il venait de remporter l'Euro 1992, il a décidé d'arrêter sa carrière (à 29 ans) afin de rejoindre une secte bouddhiste. Il changea de nom pour celui de Darando (la Rivière qui coule).

QUELLE EST LA PARTICULARITÉ DU STADE DU VENISE FC ?

Il s'agit du seul stade au monde accessible uniquement par bateau (en vaporetto pour être plus précis). Le stade Pier-Luigi-Penzo (10 500 places) accueille les rencontres du Venise FC (D2) depuis 1913.

QUEL CÉLÈBRE ENTRAÎNEUR EST APPARU DANS LE JOURNAL DE MICKEY ?

Il s'agit de José Mourinho. Il apparaît dans une histoire au côté de Donald Duck et il lui explique les règles du foot. Pour info, au Portugal, il existe un dessin animé et une BD sur José Mourinho.

QU'EST-IL ARRIVÉ À JULIEN FAUBERT LORSQU'IL JOUAIT AU REAL DE MADRID ?

Le passage de Faubert ne restera pas dans les annales du foot. En effet, il avait tellement l'habitude de s'asseoir sur le banc des remplaçants qu'il s'est véritablement endormi lors d'une rencontre contre le Villarreal.

COMMENT LA TURQUIE S'EST-ELLE QUALIFIÉE POUR LA COUPE DU MONDE 1954 ?

Lors du match de barrage contre l'Espagne, aucune des deux équipes n'est arrivée à se départager. Il fut finalement décidé de procéder à un tirage au sort. Les noms des deux équipes furent mis dans un chapeau et un enfant tira la Turquie.

QUELLE EST L'ORIGINE DU NOM BORUSSIA DORTMUND ?

Le club allemand a été créé dans un bar en 1909. Lorsque les fondateurs ont dû choisir le nom de leur équipe, ils se sont inspirés de la bière qu'ils étaient en train de boire, la Borussia Bier.

QU'EST-CE QU'UNE « ESPALDINHA » ?

C'est un geste technique extrêmement difficile à réaliser. Il consiste à dévier (ou contrôler) le ballon avec le dos (d'où le nom venant d'« espalda » signifiant « dos » en espagnol). Ce geste incroyable a été inventé par Ronaldinho.

QUEL OBJET INSOLITE EST PRÉSENT SUR L'ÉCUSSON DU BENFICA ?

Il s'agit d'une roue de vélo sur laquelle est agrippé un aigle. En effet, lors de la création du club en 1904, Benfica possédait une équipe de football ainsi qu'une équipe de cyclisme.

QUELLE RÈGLE INSOLITE EXISTE AU CLUB DU BETIS SÉVILLE ?

Les joueurs ont l'interdiction de porter des chaussures rouges. En effet, il s'agit des couleurs du blason de leur rival de toujours, le FC Séville.

POURQUOI L'ATLÉTICO MADRID CÉLÉBRAIT-IL LES BUTS DE SERGIO AGÜERO ?

En 2011, lors du transfert de Sergio Agüero à Manchester City, l'Atlético a inclus une clause : le club espagnol recevrait 250 000 euros à chaque quinzième but marqué par Agüero. En 2021, Agüero a dû prendre sa retraite sportive en raison d'un problème cardiaque, mais il avait déjà inscrit 260 buts pour City !

EN 2018, QU'A DÛ FAIRE UN ARBITRE DU DAGHESTAN ?

À la suite d'un penalty repoussé par le gardien, le ballon a rebondi involontairement sur la tête de l'arbitre et terminé sa course dans le filet. Faisant partie du jeu, il a été obligé de valider ce but ridicule.

POUR QUELLE RAISON L'ARBITRE DAVID MCNAMARA A-T-IL ÉTÉ SUSPENDU ?

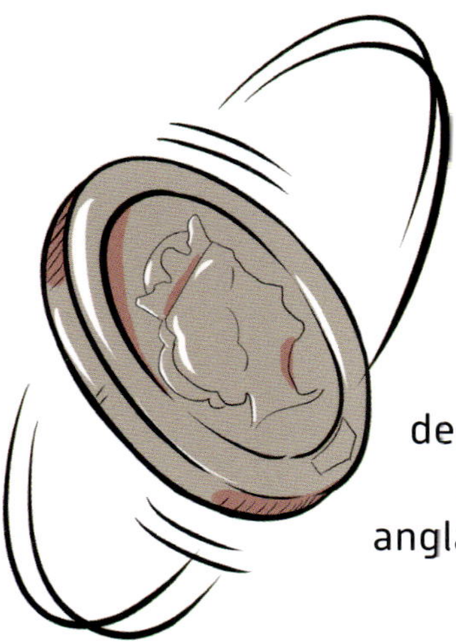

En 2018, il avait oublié sa pièce de monnaie afin d'effectuer le tirage au sort en début de match. L'arbitre a eu l'idée de départager les deux capitaines avec un « pierre, papier, ciseau ». La Fédération anglaise lui a donné trois semaines de suspension.

EN ÉCHANGE DE QUOI FUT TRANSFÉRÉ ÁNGEL DI MARÍA LORSQU'IL AVAIT 7 ANS ?

Le club de Rosario a transféré le jeune Ángel Di María contre vingt-six ballons de foot neufs. Son ancien club d'El Torito affirme n'avoir jamais reçu ces précieux ballons !

COMMENT S'EST ÉCHAUFFÉ KYLIAN MBAPPÉ LORS DU PSG – AMIENS EN 2018 ?

Lors de son échauffement avant de monter au jeu, Kylian a passé plusieurs minutes à échanger des passes avec un jeune ramasseur de balles.

QUEL EST L'INSECTE PRÉFÉRÉ DE LIONEL MESSI?

Le singe... Eh oui, c'est la réponse que Messi a donnée au magazine *FourFourTwo*. Comme quoi, on peut être le meilleur joueur du monde et ne rien connaître aux insectes !

QUELLE EST LA SPÉCIALITÉ DU JOUEUR IRLANDAIS RORY DELAP ?

Il est incroyablement fort sur les rentrées en touche. Catapult Man est capable de lancer le ballon avec ses mains à plus de 64 km/h ! Il lui arrive parfois, durant une rencontre, de toucher plus souvent le ballon avec ses mains qu'avec ses pieds.

LE CELTA VIGO A REÇU UNE AMENDE CAR SES SUPPORTERS ÉTAIENT TROP BRUYANTS.

Faux, en revanche le Celta a dû payer une amende, car il n'avait pas assez de spectateurs. Or la Fédération espagnole oblige à ce que les stades soient remplis à 70 %.

QUEL TATOUAGE INSOLITE PORTE LE CROATE IVAN PERIŠIĆ ?

Il s'est fait tatouer sur le mollet un poulet portant des chaussures de foot. Il a choisi cet étonnant motif car, durant sa jeunesse, il était surnommé le Poulet. En effet, il aidait régulièrement son père à la ferme.

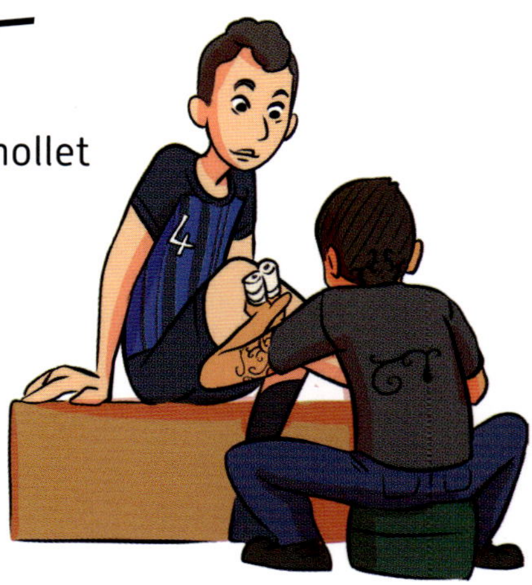

À QUELLE ÉTRANGE HABITUDE L'ENTRAÎNEUR MARTIN SCHMIDT OBLIGE-T-IL SES JOUEURS ?

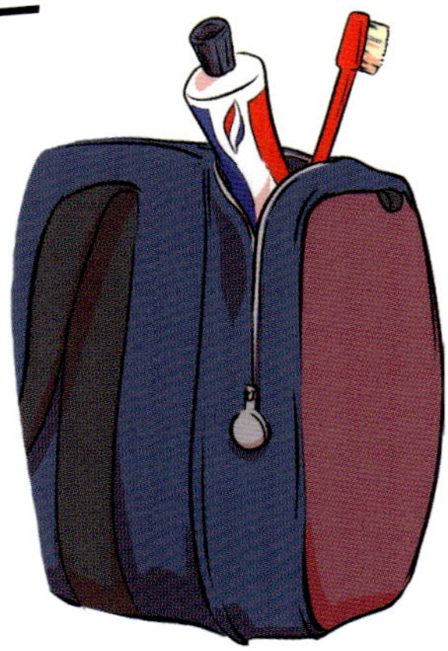

Cet entraîneur suisse oblige ses joueurs à se laver les dents à la fin de chaque match et chaque entraînement, car il estime que cela favorise la récupération.

QU'EST-IL ARRIVÉ À UN SUPPORTER LORS D'UN MATCH DE COUPE DE BELGIQUE ?

En 2017, lors du quart de finale Genk – Malines, tous les arbitres disponibles se sont blessés. Comme l'indique le règlement, un supporter (arbitre amateur) a été choisi pour remplacer le juge de ligne.

QUELLE HISTOIRE INCROYABLE EST ARRIVÉE AU FRANÇAIS RUBEN AGUILAR ?

Il a eu l'immense surprise d'être convoqué par la Bolivie à cause d'une erreur dans le jeu vidéo Football Manager, prétendant qu'il possédait les deux nationalités. N'ayant absolument pas la nationalité bolivienne, il a été contraint de décliner sa convocation internationale.

QUELLE HISTOIRE INCROYABLE EST ARRIVÉE AU JOUEUR IRLANDAIS KEVIN O'CONNOR ?

Lors du nouvel an 2018, il a reçu comme cadeau de son parrain un billet à gratter. Par chance, Kevin a gagné le gros lot, 1 million d'euros !

VRAI ou FAUX

LUKA MODRIĆ A INVITÉ TOUS LES HABITANTS DE SON VILLAGE NATAL À SON MARIAGE.

Faux, en revanche l'Égyptien Mohamed Salah a fait cela en 2013 lors de son mariage avec Magi, son amour de jeunesse.

QU'A REMPORTÉ LE SUD-CORÉEN SON HEUNG-MIN GRÂCE À SA VICTOIRE AUX JEUX ASIATIQUES ?

Il a été dispensé de ses obligations de service militaire ! En Corée du Sud, tous les hommes doivent faire un service militaire (durant vingt-et-un mois) avant leurs 28 ans. Seuls les médaillés olympiques et les champions des Jeux asiatiques sont exemptés.

DANS QUEL ENDROIT INSOLITE MARCO VERRATTI A-T-IL ÉTÉ OBLIGÉ DE DORMIR ?

En avril 2009, la région d'Italie où il vivait avec sa famille a connu un terrible tremblement de terre. Marco a été contraint de vivre durant deux semaines dans une voiture avant d'être relogé avec sa famille.

POURQUOI LE TUNNEL MENANT AU TERRAIN DU STADE DE MANCHESTER CITY EST-IL EN VERRE ?

Car ce tunnel a été entouré d'un restaurant, The Tunnel Club, où les fans peuvent admirer les joueurs qui se concentrent juste avant de monter sur le terrain. Pour info, le repas coûte 340 euros !

POURQUOI L'ITALIEN FABRIZIO MICCOLI A-T-IL DÉPENSÉ 25 000 EUROS ?

En 2010, il a dépensé cette fortune afin de s'acheter une boucle d'oreille ayant appartenue à son idole, Diego Maradona. Quand on aime, on ne compte pas !

QUELLE EST LA PARTICULARITÉ DU STADE DE NUUK AU GROENLAND ?

Ce stade sublime est entouré de rochers. Afin de suivre les rencontres, les supporters s'installent sur ses magnifiques tribunes naturelles.

COMMENT UNE ANGLAISE NE CONNAISSANT RIEN AU FOOT A-T-ELLE GAGNÉ UNE FORTUNE EN PARIANT ?

En 2017, une femme de 58 ans a gagné 651 000 euros en pariant 2 euros sur les équipes portant les noms les plus sympas. Grâce à ses douze bons pronostics, elle a remporté une véritable fortune.

DANS QUEL LIEU INSOLITE EST NÉ RIO MAVUBA ?

Ce milieu de terrain évoluant à Lille de 2008 à 2017 est né sur un bateau de réfugiés au milieu de l'océan Atlantique. Rio a dû attendre ses 20 ans pour obtenir la nationalité française.

QUELLE EST LA PARTICULARITÉ DE LEROY SANÉ ?

Sa mère (Regina Weber) a remporté la médaille de bronze en gymnastique lors des Jeux olympiques de 1984. Son père (Souleymane) était footballeur professionnel et membre de l'équipe nationale du Sénégal.

AVEC LE SHORT DE QUEL JOUEUR IKER CASILLAS A-T-IL DÉCLARÉ AVOIR L'HABITUDE DE DORMIR ?

Le célèbre gardien espagnol admire Gigi Buffon et dort régulièrement avec l'un de ses shorts. Espérons qu'il ne garde pas les gants !

AVEC QUEL OBJET INSOLITE NEYMAR A-T-IL FAIT TRENTE-HUIT JONGLES ?

En 2015, Neymar a fait le buzz sur Internet grâce à une vidéo où on le voit jongler avec un rouleau de papier toilette. Il a effectué trente-huit jongles, arriveras-tu à faire mieux ?

AVEC QUEL JOUET KYLIAN MBAPPÉ AVAIT-IL L'HABITUDE DE DORMIR DURANT SON ENFANCE ?

Kylian a toujours eu le foot dans la tête. La preuve, il dormait avec une réplique miniature du trophée de la Ligue des champions.

QUEL ÉTRANGE TATOUAGE S'EST FAIT UN SUPPORTER BRÉSILIEN ?

Un supporter de Flamengo s'est fait entièrement tatouer le maillot de son club favori sur le torse. Ce tatouage a nécessité quatre-vingt-dix heures de travail et un litre d'encre (rouge et noire).

QUEL DÉFENSEUR A RACCROCHÉ AU NEZ DE ZINÉDINE ZIDANE ?

Raphaël Varane. En 2011, alors qu'il jouait au RC Lens et qu'il avait 18 ans, Raphaël révisait attentivement son bac lorsque Zizou lui a téléphoné afin de lui suggérer de rejoindre Madrid. Varane était tellement concentré qu'il a raccroché en demandant de rappeler plus tard.

AVEC LE MASQUE DE QUEL SUPERHÉROS PIERRE-EMERICK AUBAMEYANG AIME-T-IL FÊTER SES BUTS ?

Lorsqu'il jouait à Saint-Étienne, l'attaquant gabonais avait pris l'habitude de porter le masque de Spiderman à chacun de ses buts.

DE QUELLE MANIÈRE INSOLITE L'ATTAQUANT PETER CROUCH CÉLÈBRE-T-IL SES BUTS ?

Il a l'habitude de fêter ses buts en faisant (extrêmement mal !) la danse du robot. Cet attaquant au physique incroyable (2,01 m pour seulement 75 kg) a marqué vingt-deux buts en quarante-deux sélections avec l'Angleterre.

VRAI OU FAUX
L'ATTAQUANT EMMANUEL EMENIKE A DIVORCÉ DE SA FEMME (MISS NIGERIA 2013) AFIN D'ÉPOUSER MISS NIGERIA 2014.

Vrai, l'excellent attaquant du Nigeria (vainqueur de la Coupe d'Afrique des Nations en 2013) a effectivement épousé successivement deux Miss de son pays.

QUEL ÉTONNANT POINT COMMUN ONT NEYMAR, CRISTIANO RONALDO ET CARLOS TEVEZ ?

Ces trois grands footballeurs sont nés le même jour de l'année, le 5 février : Neymar en 1992, Cristiano Ronaldo en 1985 et Carlos Tevez en 1984.

VRAI ou FAUX

EN 1998, LE JOUEUR ROUMAIN ION RADU A ÉTÉ TRANSFÉRÉ CONTRE 100 KG DE CREVETTES.

Faux, en revanche il a été transféré du CS Jiul Petroşani au CSM Vâlcea contre 500 kg de viande.

QUELLE EST LA PARTICULARITÉ DU STADE ZERÃO AU BRÉSIL ?

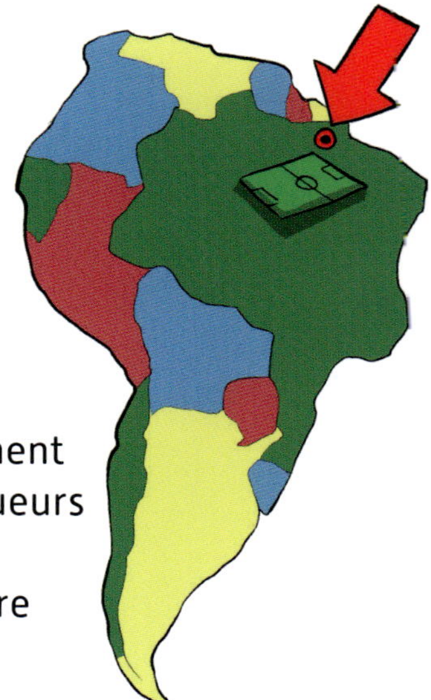

La ligne médiane est parfaitement alignée avec l'équateur. Les joueurs passent successivement de l'hémisphère Sud à l'hémisphère Nord durant les rencontres !

QU'EST-IL ARRIVÉ AU JOUEUR EDUARD BELLO ?

En octobre 2018, après avoir marqué un but, il s'est dirigé vers les tribunes afin de demander sa compagne en mariage (elle a dit oui !) mais quelques minutes plus tard, il s'est fracturé la jambe.

QUEL HYMNE NATIONAL A ÉTÉ ÉCRIT POUR LA COUPE DU MONDE 1970 ?

Les paroles de l'hymne marocain ont été écrites à la demande du roi Hassan II en 1969, à la suite de la qualification du Maroc pour la Coupe du monde.

POURQUOI TIMO WERNER A-T-IL DÛ ÊTRE REMPLACÉ LORS DU MATCH CONTRE BEŞIKTAŞ ?

Car les supporters turcs faisaient trop de bruit lors de la rencontre avec Leipzig en 2017. Le pauvre joueur allemand a commencé à avoir des vertiges et a demandé son remplacement à la 32e minute.

COMMENT UN SUPPORTER ARGENTIN A-T-IL DÉTRUIT UN DRONE ?

Furieux de voir le drone au-dessus de lui, il a jeté un rouleau de papier toilette dans les hélices et le drone a dégringolé. Malheureusement pour lui, la rencontre s'est terminée par la défaite de son équipe, Gimnasia Mendoza.

COMMENT EDINSON CAVANI EST-IL VENU EN AIDE À UN IMMIGRÉ ?

Edinson Cavani a sympathisé avec Max (un immigré ghanéen). Après l'avoir invité à manger, il lui a proposé de travailler pour lui comme assistant. Grâce à lui, Max a pu régulariser sa situation.

QUE S'EST-IL PASSÉ DANS LE CLUB TURC DE GENÇLERBIRLIĞI EN 2015 ?

Ce club a renvoyé cinq entraîneurs en à peine six mois ! Il s'agit d'un record du monde ! Le président de ce club a l'habitude de licencier facilement ses entraîneurs.

QUEL OBJET INSOLITE ÉTAIT LE PORTE-BONHEUR DE L'ENTRAÎNEUR LUIS FERNANDEZ ?

Les jours de match, Luis Fernandez avait toujours une sucette avec lui. Il a d'ailleurs un jour été accusé d'avoir « frappé » un autre entraîneur avec sa célèbre sucette.

COMBIEN DE SUPPORTERS ISLANDAIS ÉTAIENT PRÉSENTS LORS DU MONDIAL 2018 ?

Plus de 35 000 supporters islandais étaient présents en Russie pour accompagner leur équipe. Cela représente environ 10 % de la population du pays !

INDEX